APRÈS MOI, LE DÉLUGE

(DEPOIS DE MIM, O DILÚVIO)

APRÈS MOI, LE DÉLUGE
(DEPOIS DE MIM, O DILÚVIO)

Lluïsa Cunillé

Tradução Marcio Meirelles
Colaboração Vinicius Bustani

Cobogó

A Acción Cultural Española – AC/E é uma entidade estatal cuja missão é difundir e divulgar a cultura espanhola, seus acontecimentos e protagonistas, dentro e fora de nossas fronteiras. No Programa de Intercâmbio Cultural Brasil-Espanha, essa missão se concretiza graças ao apoio do TEMPO_FESTIVAL, do Rio de Janeiro, que convidou a Editora Cobogó para fazer a edição em português de dez textos fundamentais do teatro contemporâneo espanhol, e contou com a colaboração de quatro dos festivais internacionais de teatro de maior prestígio no Brasil. Estão envolvidos no projeto: Cena Contemporânea – Festival Internacional de Teatro de Brasília; Porto Alegre em Cena – Festival Internacional de Artes Cênicas; Festival Internacional de Artes Cênicas da Bahia – FIAC; Janeiro de Grandes Espetáculos – Festival Internacional de Artes Cênicas de Pernambuco; além do TEMPO_FESTIVAL, Festival Internacional de Artes Cênicas do Rio de Janeiro.

Cada festival colaborou indicando diferentes artistas de teatro brasileiros para traduzir as obras do espanhol para o português e organizando residências para os artistas, tradutores e autores que farão em seguida as leituras dramatizadas para o público dos festivais.

Para a seleção de textos e de autores, estabelecemos uma série de critérios: que fossem peças escritas neste século XXI, de autores vivos ganhadores de pelo menos um prêmio importante de dramaturgia, que as peças pudessem ser levadas aos palcos tanto pelo interesse intrínseco do texto quanto por sua viabilidade econômica, e, por último, que elas girassem em torno de uma temática geral que aproximasse nossos autores de um público com conhecimento escasso da dramaturgia contemporânea espanhola, com especial atenção para os gostos e preferências do público brasileiro.

Um grupo de diretores de teatro foi encarregado pela AC/E de fazer a seleção dos autores e das obras. Assim, Guillermo Heras, Eduardo Vasco, Carme Portaceli, Ernesto Caballero, Juana Escabias e Eduardo Pérez Rasilla escolheram *A paz perpétua*, de Juan Mayorga, *Après moi le déluge (Depois de mim, o dilúvio)*, de Lluïsa Cunillé, *Atra bílis*, de Laila Ripoll, *Cachorro morto na lavanderia: os fortes*, de Angélica Liddell, *Cliff (Precipício)*, de Alberto Conejero, *Dentro da terra*, de Paco Bezerra, *Münchausen*, de Lucía Vilanova, *NN12*, de Gracia Morales, *O princípio de Arquimedes*, de Josep Maria Miró i Coromina e *Os corpos perdidos*, de José Manuel Mora. A seleção dos textos não foi fácil, dada a riqueza e a qualidade da produção recente espanhola.

A AC/E felicita a Editora Cobogó, os festivais, os autores e os tradutores pela aposta neste projeto, que tem a maior importância pela difusão que possibilita do teatro contemporâneo espanhol. Gostaríamos de agradecer especialmente a Márcia Dias, diretora do TEMPO_FESTIVAL, por sua estreita colaboração com a nossa entidade e com o projeto.

Teresa Lizaranzu
Acción Cultural Española – AC/E
Presidente

Sumário

Sobre a tradução brasileira **11**

APRÈS MOI, LE DÉLUGE
(DEPOIS DE MIM, O DILÚVIO) **13**

Notas do tradutor **89**

Por que publicar dramaturgia **93**

Dramaturgia espanhola no Brasil **95**

Sobre a tradução brasileira

estou acostumado a traduzir da escrita em papel para a escrita da cena
de uma linguagem para outra linguagem
nunca de uma língua para outra
sempre há uma primeira vez
foi esta
no encontro com lluïsa e seu texto, que já me arrebatou pelo título
minha trilha de encenador guiou a tradução
tentei fazer com que as palavras estivessem prontas
para sair da boca de atores brasileiros
e as construções fossem familiares aos nossos ouvidos
entendi que deveria ser o mais familiar possível
e por isso passei por cima de algumas regras gramaticais escritas
para chegar mais perto das regras da nossa fala e de nossas expressões
transformando, para isso, algumas expressões espanholas em nossas

sem ser fiel à letra, e sim à ideia
ao longo da jornada
fui me deparando com nomes e lugares não familiares
e fui buscando onde, quem, o que eram essas palavras, o que nomeavam
e o cenário foi se desenhando
por fim, o encontro com o coltan
e lendo o artigo de ramón lobo "la fiebre del cotán", publicado em *el país*
tudo ganha outra dimensão — a consciência de sobre o que e por que lluïsa escreveu
foi assim que resolvi incluir as notas no texto, assim como o endereço virtual do artigo
para ajudar a ampliar a dimensão da leitura e da transcriação
para quem for ler ou recriar este texto em outras linguagens
agradeço a vinicius bustani pela colaboração
a cristina castro, que deu voz à intérprete
na primeira leitura do texto em voz alta comigo
e ao fiac pelo convite

salvador, 30 de maio de 2015
marcio meirelles[*]

---

[*] O texto, originalmente em catalão, foi traduzido a partir da versão espanhola da própria autora.

APRÈS MOI, LE DÉLUGE
(DEPOIS DE MIM, O DILÚVIO)

Lluïsa Cunillé

Tradução Marcio Meirelles
Colaboração Vinicius Bustani

Os homens que vêm aqui não deviam ter entranhas.
– JOSEPH CONRAD, *O coração das trevas*

PERSONAGENS

HOMEM

INTÉRPRETE

A antessala do quarto de um hotel em Kinshasa.[1] No início, a Intérprete e o Homem estão de pé. O Homem está descalço. A Intérprete está muito bronzeada e usa óculos escuros.

HOMEM: O presidente da França, o presidente dos Estados Unidos e o presidente do Zaire viajam no mesmo avião voltando de uma conferência internacional. No meio do voo, o piloto anuncia que perdeu a rota por causa da neblina e que não tem ideia de onde estão. Então, o presidente dos Estados Unidos abre um pouco a janela, bota o braço pra fora e tateia. "Já sei onde estamos", diz logo. "Estamos voando sobre os Estados Unidos." "Como sabe?", os outros perguntam. "Acabo de tocar a ponta da Estátua da Liberdade." Passa o tempo e o piloto continua desorientado. Então, o presidente da França bota o braço pra fora. "Já sei onde estamos. Estamos voando sobre a França", diz, muito seguro. "Como sabe?", perguntam os outros. "Acabo de tocar a Torre Eiffel." Horas depois, o avião segue perdido e, então, o presidente do Zaire arregaça as mangas, abre a janela e bota o braço pra fora. "Já sei onde estamos", diz retirando o braço. "Onde?", perguntam os outros. "Estamos voando sobre o Zaire." "Como está tão seguro?", voltam a perguntar. "Alguém acaba de roubar meu Rolex."

A Intérprete ri um riso solto.

INTÉRPRETE: Tem tempo que não ouvia essa.

HOMEM: Já tinham lhe contado?

INTÉRPRETE: É muito velha. [*para de rir*] Vá, conte outra.

HOMEM: Outra...

INTÉRPRETE: Sim.

HOMEM: Só sei piadas velhas.

INTÉRPRETE: Tanto faz.

HOMEM: Tanto faz que seja velha?

INTÉRPRETE: Sim, conte qualquer uma.

HOMEM: O presidente da França, o presidente dos Estados Unidos e o presidente do Zaire viajam no mesmo avião, voltando de uma conferência internacional. No meio do voo, o avião perde um motor e começa a cair de bico. Então, o presidente da França se levanta, leva a mão ao coração e começa a cantar o hino da França; o presidente dos Estados Unidos também se levanta, leva a mão ao coração e começa a cantar o hino dos Estados Unidos, enquanto o presidente do Zaire enfia a mão no bolso e fica calado. Então, os outros presidentes param de cantar e perguntam por que não canta, e ele responde que até queria, mas não se lembra do hino da Suíça.

A Intérprete volta a rir como antes.

INTÉRPRETE: Essa é ainda mais velha do que a outra.

HOMEM: Sabia essa também?

INTÉRPRETE: Sim.

HOMEM: Pois conta então uma piada nova, de agora.

INTÉRPRETE: Eu?

HOMEM: Sim.

INTÉRPRETE: Não, eu conto piada muito mal. Não ia ter nenhuma graça.

A Intérprete segue rindo um pouco. Pausa.

HOMEM: Por que não tira os óculos?

INTÉRPRETE: Sim, claro. Desculpe. [*tira os óculos escuros e os coloca dentro da bolsa*]

HOMEM: Tem um telefone na bolsa?

INTÉRPRETE: Não tenho celular.

HOMEM: E uma câmera fotográfica ou de vídeo?

INTÉRPRETE: Não.

HOMEM: E um guarda-chuva?

INTÉRPRETE: Um guarda-chuva? Sim.

HOMEM: Deixa ver? [*a Intérprete tira um guarda-chuva retrátil da bolsa*] Pode abrir?

INTÉRPRETE: Dá azar abrir guarda-chuva dentro de casa.

HOMEM: Por favor. [*a Intérprete abre o guarda-chuva, apoia a haste no ombro e o faz rodar enquanto sorri*] Há muitos anos fui pintor em Paris. O

	único quadro que vendi foi o de uma mulher com um guarda-chuva aberto debaixo da chuva.
INTÉRPRETE:	Me pareço com a mulher de seu quadro?
HOMEM:	Não sei. Pintei-a de costas. [*a Intérprete ri outra vez*] Juro que não é uma piada.
INTÉRPRETE:	É sério? [*a Intérprete segue rindo por um tempo. Pausa*]
HOMEM:	Se quiser, pode fechar o guarda-chuva.
INTÉRPRETE:	[*fechando o guarda-chuva*] A todas as mulheres que conhece pede o mesmo?
HOMEM:	Só às que carregam guarda-chuva. [*a Intérprete volta a rir*] Como é que não nos tínhamos visto até agora?
INTÉRPRETE:	O país é muito grande.
HOMEM:	É casada com alguém daqui?
INTÉRPRETE:	Divorciada.
HOMEM:	Tem filhos?
INTÉRPRETE:	Não.
HOMEM:	E por que ficou morando aqui?
INTÉRPRETE:	Por causa do sol.
HOMEM:	Por causa do sol?
INTÉRPRETE:	Gosto do sol. É o único amigo fiel que tenho no mundo.
HOMEM:	Há quanto tempo vive em Kinshasa?
INTÉRPRETE:	Alguns anos.

HOMEM: E antes?

INTÉRPRETE: Vivi em Catanga,[2] no Norte, e também em Brazzaville.[3]

HOMEM: Em Brazzaville?

INTÉRPRETE: Sim.

HOMEM: Quando?

INTÉRPRETE: Faz tempo.

HOMEM: Quanto tempo?

INTÉRPRETE: Em 1997, acho.

HOMEM: Foi embora por causa do golpe de Estado?

INTÉRPRETE: Que golpe de Estado? Aqui sempre tem um ou outro golpe de Estado.

HOMEM: O que derrubou Mobutu.[4]

INTÉRPRETE: Não. Foi antes, creio. Fui pra Brazzaville antes, mas logo voltei a Kinshasa.

HOMEM: Quando fico aqui mais de uma semana, minha alma encolhe.

INTÉRPRETE: A alma?

HOMEM: Sim, a alma. Ou também pensa que os homens de negócios não têm alma?

INTÉRPRETE: Quase ninguém fala da alma, quando muito do espírito.

HOMEM: E qual a diferença?

INTÉRPRETE: Não sei.

A Intérprete volta a rir. Pausa.

HOMEM: Quer beber algo?

INTÉRPRETE: Quando trabalho, prefiro não beber nada.

HOMEM: Mas não está trabalhando ainda.

INTÉRPRETE: Talvez depois.

HOMEM: Se quiser tirar os sapatos...

INTÉRPRETE: Não precisa. A verdade é que meus pés são muito feios.

HOMEM: Quero que fique confortável.

INTÉRPRETE: Estou confortável.

HOMEM: Fuma?

INTÉRPRETE: Não. Mas não me importo que os outros fumem.

HOMEM: Fui proibido.

Pausa.

INTÉRPRETE: E ainda pinta quadros?

HOMEM: Quando vendi o primeiro quadro me assustei e desisti.

INTÉRPRETE: Por quê?

HOMEM: Prometi a mim mesmo que nunca venderia nada de que pudesse sentir falta.

INTÉRPRETE: Sente saudades da mulher do seu quadro?

HOMEM: Não. Tenho saudades de mim mesmo pintando esse quadro. [*pausa*] Que foi?

INTÉRPRETE: Nada.

HOMEM: Olhava a cicatriz?

INTÉRPRETE: Sim. Desculpe.

HOMEM: É de uma operação no coração. Me abriram e fecharam tantas vezes que perdi a conta. Tenho cicatrizes por todas as partes. Quer ver?

INTÉRPRETE: Sim, claro. [*o Homem desabotoa a camisa, mas não a tira toda*] Todas são de operações?

HOMEM: Não, algumas são de quando vagava pela selva.

INTÉRPRETE: [*rodeando o Homem*] Vagou muito pela selva?

HOMEM: Quando era jovem.

INTÉRPRETE: [*apontando uma cicatriz sem tocá-la*] E essa?

HOMEM: Fizeram com um *sjambok*.

INTÉRPRETE: Um *sjambok*?

HOMEM: Um chicote feito com uma tira de couro de hipopótamo como os que os belgas usavam para castigar os escravos.

INTÉRPRETE: Quem a fez?

HOMEM: Não sei. Estava de costas.

INTÉRPRETE: Nunca se deve dar as costas a ninguém, e muito menos na selva. É o que sempre me dizia meu marido.

HOMEM: [*abotoa a camisa*] Você tem alguma cicatriz?

INTÉRPRETE: Me operaram de apendicite em Brazzaville, e por pouco não estaria aqui para contar. Peguei uma infecção e afinal um *marabu* me salvou.[5]

HOMEM: Um *marabu*?

INTÉRPRETE: Um bruxo.

HOMEM: Sei o que é um *marabu*.

INTÉRPRETE: Segundo aquele *marabu*, tive um aborto, e ele arrancou o espírito de meu filho que ainda estava dentro de mim.

HOMEM: E machucou você?

INTÉRPRETE: A verdade é que não lembro de nada do que ele fez.

HOMEM: Me mostra a cicatriz?

INTÉRPRETE: Quer ver minha cicatriz?

HOMEM: Sim.

INTÉRPRETE: Quem sabe outra hora.

A Intérprete volta a rir. Pausa.

HOMEM: Por que voltou a Kinshasa?

INTÉRPRETE: E por que não? Só é preciso atravessar o rio.

HOMEM: Normalmente me hospedo em Brazzaville. Prefiro os hotéis de lá.

INTÉRPRETE: E por que veio a Kinshasa?

HOMEM: Na última vez que estive em Brazzaville, briguei com um alemão que fazia muito barulho no quarto ao lado. Era mais forte que eu e quase me jogou pela janela.

INTÉRPRETE: Briga com frequência?

HOMEM: Só com os alemães que fazem barulho. [*a Intérprete ri de novo*] Você não briga nunca?

INTÉRPRETE: Não. Meu quarto é muito tranquilo.

HOMEM: Em que andar é o seu quarto?

INTÉRPRETE: No último, assim, quando chove, nem me chega o fedor das cloacas.

HOMEM: Já morou alguma vez em Paris?

INTÉRPRETE: Não.

HOMEM: Lá, quando chove, também fede a cloacas.

INTÉRPRETE: E também a chamam Paris-la-pou-belle?[6]

HOMEM: Em Paris não se têm tanto senso de humor como aqui. Levam-se muito a sério, como os alemães.

INTÉRPRETE: "In solche Nächten sind alle die Städte gleich."[7]

HOMEM: Sabe alemão?

INTÉRPRETE: Acredito que sim.

HOMEM: Acredita?

INTÉRPRETE: Falo mais de 15 idiomas, mas não sei se me lembro da metade.

HOMEM: Não trabalha demais?

INTÉRPRETE: Depende de quem se hospeda no hotel.

HOMEM: Com certeza ultimamente têm vindo mais homens de negócios.

INTÉRPRETE: Alguns.

HOMEM: Conhece algum homem de negócios do Citibank?

INTÉRPRETE: Não.

HOMEM: E da Barrick Gold Corporation?

INTÉRPRETE: De onde?

HOMEM: Da Barrick Gold Corporation.

INTÉRPRETE: Nunca ouvi...

HOMEM: É uma empresa canadense.

INTÉRPRETE: Não, nunca ouvi...

HOMEM: E a Africom?

INTÉRPRETE: Também nunca ouvi.

HOMEM: E a Stark? Nunca ouviu?

INTÉRPRETE: Talvez.

HOMEM: É uma filial da Bayer.

INTÉRPRETE: Não estou certa. É difícil se lembrar de tudo.

Pausa.

HOMEM: E o que faz quando não trabalha?

INTÉRPRETE: Tomo sol.

HOMEM: Só?

INTÉRPRETE: Sim.

HOMEM: Onde?

INTÉRPRETE: Junto à piscina. Mas nunca tomo banho de piscina. Nunca me parece bastante limpa.

HOMEM: E nunca sai do hotel?

INTÉRPRETE: Gosto muito do sol. É o que mais gosto em Kinshasa.

HOMEM: Há quanto tempo não sai do hotel?

INTÉRPRETE: Não sei.

HOMEM: Não sabe?

INTÉRPRETE: Faz tempo.

HOMEM: E por que leva um guarda-chuva na bolsa se nunca sai?

INTÉRPRETE: É a única coisa de marca que tenho. É um Louis Vuitton.

HOMEM: A roupa que usa também é muito boa.

INTÉRPRETE: Reparou?…

HOMEM: Naturalmente.

INTÉRPRETE: Como todo mundo em Kinshasa, também gosto de me vestir bem.

Pausa.

HOMEM: Conhece um belga que se chama Eric Jansen?

INTÉRPRETE: Eric Jansen?

HOMEM: Tem uma fazenda nos arredores de Kinshasa, é fornecedor do hotel.

INTÉRPRETE: Não, não o conheço.

HOMEM: Outro dia conversamos um pouco, e ele me contou que queria ir embora daqui, que precisa vender a granja. Conhece alguém que possa se interessar por uma fazenda?

INTÉRPRETE: Não.

HOMEM: Parece que cada dia lhe roubam duas ou três ovelhas.

INTÉRPRETE: Só duas ou três ovelhas? Ele ainda tem sorte.

HOMEM: De você também roubaram algo?

INTÉRPRETE: "Avant le premier pillage o après le dernier pillage?"[8] [*ri de novo*] É uma piada de Kinshasa. Não achou graça?

HOMEM: Tem um provérbio daqui também que diz que um rato que passa fome numa barraca de amendoins é o único responsável por sua fome.

Pausa.

INTÉRPRETE: Tenho a impressão de que você está me testando.

HOMEM: Por que testaria você?

INTÉRPRETE: Não sei.

HOMEM: Você é muito suscetível.

INTÉRPRETE: Sou como sou.

HOMEM: Quantos anos tem?

INTÉRPRETE: Por que quer saber?

HOMEM: As mulheres aqui envelhecem logo.

INTÉRPRETE: E os homens não? [*ri outra vez*]

HOMEM: Também é muito atraente, além de ter uma voz muito bonita.

INTÉRPRETE: Sim, já me disse por telefone.

HOMEM: Incomoda-se que lhe digam?

INTÉRPRETE: Não estou acostumada a elogios.

HOMEM: Não posso acreditar.

INTÉRPRETE: Acredite se quiser.

HOMEM: Não tem amigos?

INTÉRPRETE: Nos hotéis todos estão de passagem.

HOMEM: O último amigo que tive há muito tempo me deixou abandonado na selva com uma só bala na pistola.

INTÉRPRETE: E a usou?

HOMEM: Decidi guardá-la para mim. E ainda a guardo, como lembrança.

INTÉRPRETE: Lembrança de quê?

HOMEM: Dos velhos tempos, suponho.

INTÉRPRETE: Saudade dos velhos tempos?

HOMEM: Você não tem?

INTÉRPRETE: Também tenho uma pistola, mas não é minha.

HOMEM: De quem é?

INTÉRPRETE: De meu ex-marido.

HOMEM: Ele também deixou como lembrança?

INTÉRPRETE: Na verdade a deixou esquecida.

HOMEM: Carrega na bolsa?

INTÉRPRETE: Guardo em meu quarto.

HOMEM: Já a usou alguma vez?

INTÉRPRETE: Ainda não.

A Intérprete ri de novo. Pausa.

HOMEM: Não pensou em voltar?

INTÉRPRETE: Pra onde?

HOMEM: Pro seu país.

INTÉRPRETE: Lá nunca faz sol.

HOMEM: Não tem medo do "vírus de Marburg"?[9]

INTÉRPRETE: Que é isso?

HOMEM: É uma epidemia que começou em Angola, e há pouco aconteceram também alguns casos aqui, no Zaire, nas minas de ouro.

INTÉRPRETE: Nas minas de ouro?

HOMEM: É um vírus que se desenvolve em algumas grutas. Os doentes sofrem muito. Os músculos se contraem e os olhos sangram. Morrem em questão de dias.

INTÉRPRETE: Quer me amedrontar?

HOMEM: Eu tenho medo.

INTÉRPRETE: Você?

HOMEM: Você, não?

INTÉRPRETE: Aqui no hotel nunca vi ninguém doente.

Pausa.

HOMEM: Deixa ver sua mão um momento?

INTÉRPRETE: Minha mão?

HOMEM: Sim.

INTÉRPRETE: Por quê?

HOMEM: Só quero vê-la.

Pausa. A Intérprete dá a mão ao Homem, que a toma entre as suas com muito cuidado e a observa.

INTÉRPRETE: Sabe ler o futuro?

HOMEM: As mãos também falam do passado.

INTÉRPRETE: É o que olha? Meu passado?

Pausa.

HOMEM: Sempre me pareceu que a alma se encontra mais nas mãos do que nos olhos.

Pausa. A Intérprete tenta recolher a mão, mas o Homem não deixa. Pausa.

HOMEM: Está com medo de mim?

INTÉRPRETE: Não.

HOMEM: Ficou na defensiva e agora preciso de sua confiança.

INTÉRPRETE: Por quê?

HOMEM: Porque quero que se sinta bem e que trabalhe com prazer.

INTÉRPRETE: Estou bem.

HOMEM: Se em algum momento a ofendi, peço que me perdoe.

INTÉRPRETE: Não me ofendeu. Por que haveria de me ofender?

HOMEM: Sério?

INTÉRPRETE: Sim.

O Homem beija-lhe a mão, a Intérprete a recolhe e ri.

HOMEM: Não sabe mentir.

INTÉRPRETE: E isso é ruim?

HOMEM: Para os negócios não é bom.

INTÉRPRETE: Não me dedico aos negócios.

HOMEM: Sempre trabalhou como intérprete?

INTÉRPRETE: Não.

HOMEM: Em que mais trabalhou?

INTÉRPRETE: Em muitas coisas. Inclusive como atriz e cantora.

Pausa.

HOMEM: Por que se divorciou?

INTÉRPRETE: Meu marido me deixou.

HOMEM: Por outra mulher?

INTÉRPRETE: Suponho.

HOMEM: Não sabe?

INTÉRPRETE: Um dia se foi e não voltei a vê-lo.

HOMEM: Mas sabe se está vivo?

INTÉRPRETE: Alguém o viu perto de Watsa.[10]

HOMEM: E o que fazia em Watsa?

INTÉRPRETE: Contrabando.

HOMEM: Ouro?

INTÉRPRETE: Suponho.

HOMEM: E não foi vê-lo em Watsa?

INTÉRPRETE: Não.

HOMEM: Por quê?

INTÉRPRETE: Sabe o que me disse antes de me deixar?

HOMEM: O que lhe disse?

INTÉRPRETE: Depois de mim, o dilúvio.[11]

HOMEM: Disse isso?

INTÉRPRETE: Depois de mim, o dilúvio, e depois se foi.

HOMEM: Foi o mesmo que disse Mobutu durante o golpe de Estado, antes de deixar o país.

INTÉRPRETE: Sério?

HOMEM: Sim.

INTÉRPRETE: Tem certeza?

HOMEM: Absoluta.

INTÉRPRETE: Bem, então talvez tenha ouvido isso dele e não do meu ex-marido.

A Intérprete ri outra vez. Pausa.

HOMEM: Posso pedir-lhe um último favor?

INTÉRPRETE: Qual?

HOMEM: Pode soltar o cabelo?

INTÉRPRETE: Por quê?

HOMEM: Gostaria de vê-la com o cabelo solto.

INTÉRPRETE: Não está muito limpo.

HOMEM: Não importa.

INTÉRPRETE: Talvez depois.

HOMEM: Como quiser. [*pausa*] Quer que lhe pague agora?

INTÉRPRETE: Me paga depois.

HOMEM: Confia em mim?

INTÉRPRETE: Sim.

HOMEM: E não quer saber para que companhia trabalho?

INTÉRPRETE: Para que companhia trabalha?

HOMEM: É sul-africana. E como todas as outras que mencionei antes, está envolvida na exploração e no comércio de coltan.[12] Sabe o que é coltan?

INTÉRPRETE: Não.

HOMEM: Não ouviu falar disso?

INTÉRPRETE: Não.

HOMEM: Tem certeza?

INTÉRPRETE: É impossível lembrar tudo o que lhe dizem.

HOMEM: Sim, é impossível.

Pausa longa.

INTÉRPRETE: Por que me olha assim?

HOMEM: Como?

INTÉRPRETE: Vá, conte outra piada.

HOMEM: Outra piada?

INTÉRPRETE: Sim, vá...

HOMEM: Aquele fazendeiro belga diz que este país é como uma mulher bonita que nunca está satisfeita com todo o amor que lhe dão para satisfazê-la.

INTÉRPRETE: Isso não é nenhuma piada.

HOMEM: Sim, eu sei.

Pausa.

INTÉRPRETE: É o primeiro homem de negócios que ouço falar de amor e de alma.

HOMEM: E de que falam normalmente os homens de negócios?

INTÉRPRETE: De dinheiro, de mulheres e de doenças.

HOMEM: Nessa ordem?

INTÉRPRETE: Normalmente, sim.

HOMEM: Eu tenho dinheiro suficiente, tive mulheres suficientes, e agora estou suficientemente doente para não ter que falar de tudo isso. Esse pode ser meu último negócio, nunca se sabe. Peço-lhe que traduza exatamente tudo o que ouvir, sem suavizar nada.

INTÉRPRETE: De acordo.

HOMEM: Não deve ser diplomática nem fazer relações públicas.

INTÉRPRETE: Faz tempo que trabalho como intérprete.

HOMEM: Por sorte aqui todo mundo tem bastante senso de humor.

INTÉRPRETE: Acha necessário o senso de humor para fazer negócios?

HOMEM: Não, mas torna tudo mais agradável.

INTÉRPRETE: De que negócio se trata?

HOMEM: Ainda não sei. Foi impossível nos entendermos. Quando cheguei, me esperava na porta. Só sei o seu nome. Alguém o anotou num papel. [*mostra um pedaço de papel à Intérprete*] Parece só entender o kiluba.[13] [*os dois olham ao mesmo tempo uma das poltronas por uns segundos em silêncio*] Que foi?

INTÉRPRETE: [*olha o Homem*] Disse que também entende sua língua, mas que não sabe falar.

HOMEM: Sério?

INTÉRPRETE: Também disse que não esperava que seu intérprete fosse uma mulher. Que falar pela boca de uma mulher não lhe parece muito honroso.

HOMEM: Pois diga-lhe que parto amanhã e que não tenho tempo de buscar outro intérprete que lhe pareça mais honroso.

INTÉRPRETE: Não é preciso traduzir, entende tudo o que você diz.

HOMEM: Bem, pois então vamos falar agora ou deixamos pra lá.

INTÉRPRETE: Também poderiam falar, da próxima vez que voltar, com a ajuda de um intérprete masculino.

HOMEM: É o que disse?

INTÉRPRETE: Não, isso digo eu.

HOMEM: Não sei se voltarei outra vez. Se tem algo a oferecer, que o faça agora ou se vá. Tenho outro encontro daqui a pouco e, além disso, vou fazer muitas coisas antes de partir.

INTÉRPRETE: Diz que agradece muito que o tenha recebido sem ter agendado. Que sabe que é um homem muito ocupado.

HOMEM: Gostaria de saber quem o deixou subir e esperar na minha porta.

INTÉRPRETE: Não sabe, não sabe o nome do recepcionista do hotel, mas pensa que o deixou subir porque é aleijado. Aqui em Kinshasa as pessoas têm muito medo dos aleijados, pensam que dentro eles têm um mau espírito e, por isso, ninguém se aproxima muito, nem fala com eles.

HOMEM: O que é que ele quer? Por que veio me ver?

Pausa.

INTÉRPRETE: Ele me pede que não olhe para ele.

HOMEM: Que não o olhe?

INTÉRPRETE: Pra ele. Enquanto vocês falam.

HOMEM: Você se importa de fazer o que ele pede?

INTÉRPRETE: Não é a primeira vez que isso me acontece.

HOMEM: De acordo.

A Intérprete e o Homem sentam-se em duas das três poltronas.

INTÉRPRETE: [*sem olhar nunca a poltrona vazia*] Ele tem um filho de 19 anos que tem o mesmo nome que ele. É goleiro de um time de futebol. Pede a você que seja o mediador. Não, perdão, o empresário, sim, quer que seja o empresário de seu filho e que lhe arranje um time. Diz que sabe de outros rapazes que depois de passar por um teste foram contratados para jogar na Europa, que cada vez tem mais times europeus interessados em jogadores africanos.

HOMEM: Quem lhe disse tudo isso?

INTÉRPRETE: Pessoas. Pessoas que conhece, e também viu na televisão.

HOMEM: Que foi que viu na televisão exatamente...

INTÉRPRETE: Viu muitos jovens negros jogando em times europeus.

HOMEM: Os times de futebol têm pessoas a seu serviço que realizam esse tipo de trabalho, que buscam jogadores pelo mundo todo. Se seu filho fosse bom o bastante, algum deles já o teria visto.

INTÉRPRETE: Sem um empresário é muito difícil que alguém venha vê-lo, que alguém se interesse por ele.

HOMEM: Onde está o seu filho? Por que não veio ele mesmo falar comigo?

INTÉRPRETE: Diz que está lá fora, na rua, esperando. Que se precisar o chama.

HOMEM: Seu filho fala francês?

INTÉRPRETE: Fala francês e um pouco de inglês. É muito esperto.

HOMEM: Se é tão esperto, por que não se vira sozinho?

INTÉRPRETE: O filho não quer sair daqui. Quer ficar para cuidar do pai.

HOMEM: Para cuidar dele?

INTÉRPRETE: Disse que morrerá logo, que está muito doente, como você.

HOMEM: Como sabe que estou doente?

INTÉRPRETE: Ouviu dizer.

Pausa.

HOMEM: Quem lhe falou de mim?

INTÉRPRETE: Ninguém. Ele e o filho viram há uma semana fazendo um negócio em um bar, e ambos o seguiram até aqui.

HOMEM: Onde moram?

INTÉRPRETE: Em um povoado do Norte. Só vieram à capital para arrumar a vida do filho. Economizaram um ano todo para poder fazer essa viagem.

HOMEM: Dou o dinheiro para que voltem a seu povoado hoje mesmo se quiserem.

INTÉRPRETE: Diz que não podem aceitar, que o que propõem é um negócio, não caridade; que fixe agora mesmo a percentagem que deseja receber sobre os ganhos que no futuro o filho possa ter, quando encontrar pra ele um time em que possa jogar.

HOMEM: Vivo na África do Sul, agora viajo muito pouco à Europa.

INTÉRPRETE: Diz que, se for necessário, pode falar com seus dois últimos treinadores, que falarão muito bem dele... Inclusive pode falar com seus companheiros de time.

HOMEM: Na Europa os jogadores africanos têm fama de indisciplinados e pouco esforçados.

INTÉRPRETE: O filho nunca faltou a um treino, e tem que caminhar mais de dez quilômetros todo dia para ir ao campo.

Pausa.

HOMEM: Na Europa desconfiam dos nômades e dos desordeiros. Os torcedores gostam de pensar que todos os jogadores, venham de onde vierem, defendem as cores de seu próprio time. É a única obsessão que têm, além de sempre quererem ganhar, claro.

INTÉRPRETE: O filho dele sempre defendeu seu time com coragem. Além disso, nunca se machucou. Não tem nenhuma cicatriz nos joelhos. Tampouco tem medo da neve.

HOMEM: Da neve?

INTÉRPRETE: Ele e o filho viram na televisão que na Europa às vezes jogam futebol na neve.

Pausa.

HOMEM: A verdade é que nunca fui empresário de ninguém. E o futebol também não me interessa.

INTÉRPRETE: Diz que naquele bar você e os outros homens ficaram olhando um bom tempo a partida de futebol que passava na televisão.

HOMEM: Gosto de futebol, mas não me interessa para fazer negócios, e muito menos para ser empresário. E, pelo que sei, na Europa não tem muitos goleiros africanos nem uma grande procura por goleiros estrangeiros em geral. Os clubes europeus preferem gastar o dinheiro em atacantes que marquem muitos gols.

INTÉRPRETE: Diz que, se for necessário, pode ver o filho dele jogar. Pode fazer um teste você mesmo, se quiser.

HOMEM: Quando? Vou embora amanhã de manhã. O que posso fazer é informar-me de algum empresário na África do Sul e falar-lhe do filho. Em que time ele joga?

INTÉRPRETE: Ele e o filho querem que você o represente.

HOMEM: Já lhe disse que moro na África do Sul e que quase não viajo para a Europa.

INTÉRPRETE: Poderia levá-lo com você para onde for, até que regresse à Europa. Na Europa tem times de futebol em todas as partes.

HOMEM: De qualquer maneira, antes ele me disse que o filho não quer sair daqui.

INTÉRPRETE: Diz que não se preocupe com isso, que no final fará o que o pai mandar.

Pausa.

HOMEM: Tem outros filhos?

INTÉRPRETE: Não.

HOMEM: E alguma mulher?

INTÉRPRETE: Sua mulher morreu faz quatro anos.

HOMEM: E, estando doente, não tem medo de ficar só?

INTÉRPRETE: Prefere morrer só do que o filho ficar aqui, sem futuro nenhum.

Pausa.

HOMEM: E se nenhum time quiser o filho?

INTÉRPRETE: Está convencido de que você achará um time para o filho dele. E, enquanto procura, ele poderia trabalhar em qualquer coisa para pagar suas despesas. É muito trabalhador. Não será nenhuma carga.

HOMEM: Que sabe o filho dele além de jogar futebol?

INTÉRPRETE: É lavrador como ele, mas poderia aprender outro ofício.

HOMEM: Sinto, mas não tenho tempo de me ocupar do filho dele. É melhor procurar outra pessoa para ser seu empresário.

Pausa longa.

INTÉRPRETE: Você tem filhos?

HOMEM: Como?

INTÉRPRETE: Se tem filhos...

HOMEM: Não.

INTÉRPRETE: Um homem precisa ensinar a alguém aquilo que sabe. Senão, é como se não tivesse vivido de verdade.

HOMEM: Que quer dizer com isso?

INTÉRPRETE: Ensinei a meu filho tudo o que sei, mas com isso não teve o bastante; ele precisa que outro lhe ensine o que eu não pude lhe ensinar.

HOMEM: Quê?

INTÉRPRETE: Você conhece as pessoas, o mundo, sabe o que quer e como consegui-lo. Na realidade, foi meu filho quem primeiro se ligou em você e começou a escutá-lo sem querer.

HOMEM: Sem querer?

INTÉRPRETE: Ele quer ficar aqui para cuidar de mim e ao mesmo tempo quer ir, viajar o mundo como você, falar com as pessoas como você falava no bar.

HOMEM: Ouviu o que falávamos no bar?

INTÉRPRETE: Antes que você chegasse, todos aqueles homens tinham se conchavado contra você, estavam todos contra você, e, no final, acabaram fazendo tudo o que você queria. Isso é o que meu filho quer aprender.

HOMEM: Quer ser um homem de negócios?

INTÉRPRETE: Isso dependerá de você.

HOMEM: De mim?

INTÉRPRETE: Do que queira ensinar-lhe. Ele aprenderá tudo o que você quiser.

HOMEM: Ele disse isso?

INTÉRPRETE: Não importa que me tenha dito ou não. Faz tempo que o sei, faz tempo que sei que a meu filho não basta o que vê e ouve ao seu redor. Com você aprenderá o que aqui ninguém poderá lhe ensinar nunca.

HOMEM: E o futebol?

INTÉRPRETE: O futebol só se pode jogar por alguns anos. Eu morrerei logo. Meu filho, de qualquer modo, sairá daqui. Prefiro que não vá só, que tenha por perto alguém que o guie. Você não teve nenhum filho e ainda não pode ensinar a ninguém o que sabe.

HOMEM: É esse o negócio que me propõe? Um filho para que eu ensine tudo o que sei?

INTÉRPRETE: Não encontrará ninguém mais disposto a aprender tudo o que você ensine.

HOMEM: Nunca quis ter filhos, e se tive algum, não soube, porque a mãe o escondeu desde o princípio. Não seria um bom negócio para nenhuma das duas partes, nem para você, que vai morrer sem estar certo de ter deixado seu filho em boas mãos, nem tampouco para mim, porque não saberia o que fazer assim com um filho, e, além disso, me atrapalharia em tudo, sem contar que eu também estou doente, como você.

INTÉRPRETE: Tem uma diferença entre você e eu.

HOMEM: Qual?

INTÉRPRETE: Você ainda deseja viver.

HOMEM: E você não?

INTÉRPRETE: Eu já vivi bastante. Estou muito cansado.

HOMEM: Mais uma razão para que seu filho fique aqui.

INTÉRPRETE: Não. Ele tem que ir com você.

HOMEM: Por que eu? Agora tem muitos homens de negócio no Congo.

INTÉRPRETE: Foi meu filho quem o escolheu, há uma semana está atrás de você, o segue por toda parte.

HOMEM: Me segue?

INTÉRPRETE: Teve muito cuidado para não incomodá-lo. Sempre o seguiu de longe e, quando voltava de noite muito tarde, me contava tudo o que você tinha feito naquele dia, onde esteve, com quem tinha falado. Dormia falando de você. E, no dia seguinte, se levantava muito cedo para vir procurá-lo aqui, em seu hotel, antes que você saísse. Inclusive, uma vez não pôde evitar abordá-lo e perguntar-lhe a hora.

HOMEM: A mim?

INTÉRPRETE: Na rua.

HOMEM: Não me lembro.

INTÉRPRETE: Porque não ouviu. Ele falou muito baixo, e você passou ao largo e, um pouco mais adiante, outros garotos que falavam mais alto do que meu filho lhe gritavam: "Ei, patrão! Ei, patrão!"

HOMEM: Disso, sim, eu me lembro.

INTÉRPRETE: Meu filho estava perto desses garotos, porém não gritou nada.

HOMEM: Não gosto que ninguém me grite "patrão".

INTÉRPRETE: Os Bangala[14] dizem que a palavra não mata, que ninguém pode ofender-se por uma palavra.

HOMEM: Sei o que dizem os Bangala.

INTÉRPRETE: Sabe?

HOMEM: Estive algumas vezes no Norte.

INTÉRPRETE: A negócios?

HOMEM: Sim, a negócios.

Pausa.

INTÉRPRETE: Meu filho me pediu que não lhe dissesse nada. Ele sabia que você se zangaria. Que, sobretudo, não queria zangá-lo, que é terrível quando se zanga.

HOMEM: Seu filho me viu zangado?

INTÉRPRETE: Ele o seguiu a semana toda.

Pausa.

HOMEM: A verdade é que não suporto o clima desta cidade.

INTÉRPRETE: É a umidade. Um pouco mais pro interior e já não tem esta umidade.

HOMEM: Sim, mas lá tem a névoa, a névoa do rio Congo. Me perdi muitas vezes por culpa dessa maldita névoa.

INTÉRPRETE: Na Europa não há névoa?

HOMEM: Sim, mas é diferente. Não tem a selva que te rodeia por todos os lados.

INTÉRPRETE: Não vale a pena zangar-se com a névoa ou com a selva.

Pausa.

HOMEM: Como perdeu o braço?

INTÉRPRETE: Foi um crocodilo. Caí de uma barca enquanto cruzava o rio.

HOMEM: Se o seu filho for embora, quem cuidará de você?

INTÉRPRETE: No povoado não faltará quem cuide de mim. Não tem por que se preocupar.

HOMEM: Há outros homens de negócios... Em Brazzaville conheço um italiano. É comerciante de madeira. Compra um tronco de ocume[15] por três e o vende na Itália por 3 mil. Seguramente encontraria logo um time para seu filho. Na Itália tem muitos times de futebol. E acho que ele também não tem filhos. Nunca me falou de sua família. Até onde sei, sempre tem uma garota de 15 anos em seu quarto.

INTÉRPRETE: Faz negócios com ele?

HOMEM: Não. É só um conhecido. É um homem de negócios como eu. Posso conseguir um encontro com ele para amanhã em Brazzaville.

INTÉRPRETE: Em Brazaville?

HOMEM: Sim. Posso ligar pra ele agora mesmo.

INTÉRPRETE: Tenho que voltar ao meu povoado amanhã.

HOMEM: Vai amanhã?

INTÉRPRETE: Sim, como você. Por isso vim falar-lhe hoje.

HOMEM: Agora está um pouco em cima para ir vê-lo, mas tem outros homens de negócios; também conheço um francês que tem uma plantação de cacau na ilha de Malabo.[16] Gosta muito de esportes, sobretudo o tênis, mas com certeza gosta de futebol também.

Pausa.

INTÉRPRETE: Esses homens estavam com você naquela reunião?

HOMEM: Em que reunião?

INTÉRPRETE: No bar, quando meu filho e eu o vimos pela primeira vez.

HOMEM: Não. Não estavam. Eram outros homens de negócios. Posso tentar apresentá-lo a um deles, se prefere. Claro que se você vai amanhã, já é um pouco tarde, mas posso tentar telefonar para alguém.

INTÉRPRETE: Não precisa. Meu filho só irá com você.

Pausa.

HOMEM: Perdão, mas tenho um compromisso dentro de instantes e ainda não fiz as malas. Já lhe disse que tinha que fazer muitas coisas antes de partir.

INTÉRPRETE: Claro que não tardaremos a chegar a um acordo, senão não teríamos vindo. Meu filho e eu não teríamos percorrido tantos quilômetros para vir vê-lo.

Pausa.

HOMEM: Olhe, não posso aceitar sua proposta. Sinto muito. Teria que perder muito tempo ensinando a seu filho um mundo que ele desconhece completamente. Não tenho tempo, nem saúde, nem, francamente, paciência.

INTÉRPRETE: De qualquer modo, leve-o com você; poderia tê-lo por perto e ele já aprenderia algo ao seu lado.

HOMEM: Não me imagino tendo ninguém ao meu lado observando-me o dia todo.

INTÉRPRETE: Poderia trabalhar para você.

HOMEM: Para mim?

INTÉRPRETE: Poderia dar-lhe um trabalho. Ele aprende rápido as coisas. Já lhe disse que é muito esperto.

HOMEM: Não me ocorre o que ele poderia fazer.

INTÉRPRETE: Poderia ser seu guia, ele se move muito bem na selva.

HOMEM: Eu já não vou à selva. Agora faço os negócios em restaurantes e bares, como puderam ver.

INTÉRPRETE: Nunca vai à selva?

HOMEM: Já não preciso mais, se quisesse, inclusive, poderia ficar em um escritório na Cidade do Cabo e não me mover, mas ainda gosto de viajar.

INTÉRPRETE: Meu filho é muito forte, poderia defendê-lo, se fosse necessário.

HOMEM: Defender-me?

INTÉRPRETE: No bar, todos os homens o odiavam, alguns inclusive falavam em fazer mal a você.

HOMEM: Não tenho nenhum medo. Sei muito bem como tratá-los.

INTÉRPRETE: Mas agora é diferente, está muito doente. Meu filho pode protegê-lo.

HOMEM: Desses homens?

INTÉRPRETE: Ser seu guarda-costas.

HOMEM: Sabe do que mais tenho medo em Kinshasa? Das abelhas. Um médico me disse que uma ferroada dessas abelhas podia matar-me. Quando entro nos táxis, obrigo os taxistas a fechar todas as janelas, e eles, como vingança, me cobram o dobro. Claro que em Paris só para cruzar o Sena alguns taxistas também cobram o dobro.

INTÉRPRETE: Que é o Sena?

HOMEM: O rio que cruza Paris.

INTÉRPRETE: Você nasceu perto do Sena?

HOMEM: Não. Mas vivi muito perto durante muito tempo, quando era jovem.

Pausa.

INTÉRPRETE: E na Bélgica? Esteve alguma vez?

HOMEM: Sim.

INTÉRPRETE: A negócios?

HOMEM: Sim, também a negócios.

INTÉRPRETE: Meu filho, faz alguns anos, queria ser músico e partir para a Bélgica. Alguém lhe contou que na Bélgica apreciam muito os músicos daqui.

HOMEM: E é verdade. Há grupos daqui que tocam em Bruxelas. Seu filho toca algum instrumento?

INTÉRPRETE: Não, mas gosta muito de música. Diz que os músicos são os que têm os melhores carros.

HOMEM: Essa ânsia que têm aqui pelos carros grandes e caros não vi em lugar nenhum.

INTÉRPRETE: Você não gosta de carros?

HOMEM: Na verdade prefiro andar de táxi.

INTÉRPRETE: E por que não contrata meu filho como chofer?

HOMEM: Seu filho sabe dirigir?

INTÉRPRETE: Já dirigiu carros e todo tipo de caminhão.

HOMEM: Já tenho chofer na Cidade do Cabo.

INTÉRPRETE: E na Europa? Na Europa você tem chofer?

HOMEM: Não, mas para a Europa só vou muito de vez em quando, já lhe disse antes. [*pausa. Tira o relógio*] Tome.

INTÉRPRETE: Por que me dá o seu relógio?

HOMEM: É para o seu filho, de minha parte. É o mínimo que posso fazer por ele depois de ter me seguido por uma semana inteira.

Pausa.

INTÉRPRETE: Não entendo.

HOMEM: Seu filho não quis me abordar na rua e me perguntar a hora? [*pausa*] Tem cronômetro e é à prova d'água.

INTÉRPRETE: Dê-lhe você mesmo.

HOMEM: Não tenho tempo. Tenho um encontro daqui a pouco. Um táxi vem me buscar.

INTÉRPRETE: Meu filho sabe dirigir muito bem, lhe asseguro. Além de guarda-costas, poderia ser seu chofer.

HOMEM: Se tivesse vindo antes, talvez pudesse ter encontrado um trabalho para seu filho.

INTÉRPRETE: Que tipo de trabalho?

HOMEM: Em Kinshasa ou em outro lugar.

INTÉRPRETE: Não quero que meu filho seja soldado nem que trabalhe nas minas de ouro.

HOMEM: Eu não trabalho com comércio de ouro.

INTÉRPRETE: Trabalha com comércio de diamantes?

HOMEM: Minha empresa está aqui pelo coltan. Sabe o que é coltan?[17]

INTÉRPRETE: Não.

HOMEM: É um mineral. Um bom trabalhador, extraindo coltan, pode chegar a ganhar cinquenta dólares por mês. É muito mais do que a maioria ganha aqui.

INTÉRPRETE: Não quero que meu filho fique aqui.

HOMEM: Não posso levar seu filho comigo. Sinto muito.

INTÉRPRETE: Teste ele, ainda que seja só por algumas semanas.

HOMEM: Não preciso de um guarda-costas.

INTÉRPRETE: Muitos homens de negócios têm guarda-costas.

HOMEM: Sim, mas eu não.

Pausa.

INTÉRPRETE: Você já matou um homem alguma vez?

HOMEM: Não.

INTÉRPRETE: Meu filho sim. Quando era uma criança, a guerrilha o sequestrou e o obrigou a lutar e a matar.

HOMEM: Seu filho?

INTÉRPRETE: Aos 8 anos levaram-no para longe do povoado, para a selva. Lá, colocaram ele numa fossa de água suja durante três dias sem comer nem dormir, depois o marcaram com um ferro incandescente e durante semanas treinaram-no para disparar todo tipo de armas, e também lhe ensinaram a dirigir. Não teme nada. Defenderia você até a morte se fosse preciso.

Pausa.

HOMEM: Matou muitos homens?

INTÉRPRETE: Durante três anos não fez outra coisa além de combater. Foi treinado para não ter medo de nada nem de ninguém.

HOMEM: E como conseguiu voltar para você?

INTÉRPRETE: Feriram ele gravemente e o abandonaram na selva acreditando que estava morto. Uns dias depois, foi encontrado pela Cruz Vermelha. Foi um milagre que voltasse para o meu lado. Desde então, não nos separamos nunca mais. Esta é a primeira vez que se afasta tanto do povoado, e não quero que volte.

HOMEM: E por que não procura um trabalho pra ele aqui?

INTÉRPRETE: Não saberia se virar sozinho. Aqueles três anos na guerrilha anularam completamente a sua vontade. Precisa de alguém a seu lado que lhe diga o que tem que fazer.

HOMEM: Minha empresa já paga à polícia e ao Exército para ter mais segurança.

INTÉRPRETE: Não deveria confiar nos soldados nem na polícia.

HOMEM: Por isso pagamos, não confiamos em ninguém.

Pausa.

INTÉRPRETE: Meu filho achou que você trazia uma pistola debaixo do paletó.

HOMEM: Tenho ela desde a época em que fazia negócios na selva.

INTÉRPRETE: Mas já não vai mais para a selva para fazer negócios.

HOMEM: Neste país nunca se sabe onde começa e termina a selva.

INTÉRPRETE: Isso quer dizer que você tem medo, teme que alguém o machuque.

HOMEM: Talvez sim, mas também tenho uma pontaria muito boa com a pistola.

INTÉRPRETE: Não é tão fácil matar um homem. O primeiro, pelo menos.

HOMEM: Você também matou algum homem?

INTÉRPRETE: Não, meu filho me contou.

Pausa.

HOMEM: E o que mais lhe contou...

INTÉRPRETE: Meu filho? Coisas que deixariam você aterrorizado. A princípio me davam tanto medo que eu pensava que qualquer noite o espírito de um dos homens, mulheres ou crianças que meu filho tinha matado viria buscá-lo. Nos primeiros meses depois que voltou, eu passava todas as noites ao seu lado velando-lhe o sono, até que uma noite o cansaço foi mais forte do que eu e dormi. À meia-noite, acordei com o braço do meu filho em volta do meu pescoço, assim... [*envolve seu pescoço com o próprio braço*] E, no ouvido, bem baixo, me disse na escuridão: "Pai, não é mais necessário que vele por mim, lá na selva aprendi que não existem espíritos. Os homens vivem e morrem sozinhos..." "Se é nisso que acredita de verdade", respondi, "quero que me mate também". Supliquei que o fizesse. Então começou a apertar seu braço cada vez mais forte, até que de repente me soltou e voltou para a cama. [*pausa. Tira o braço do pescoço*] Na manhã seguinte, veio me procurar, me pediu perdão e prometeu que nunca mais voltaria a machucar ninguém.

HOMEM: E você acreditou nele?

INTÉRPRETE: Meu filho nunca mentiu pra mim. É incapaz de mentir, ainda que isso o coloque em perigo.

Pausa.

HOMEM: Quantas pessoas matou?

INTÉRPRETE: Nem ele mesmo sabe. Antes de combater, davam-lhes drogas para que eles não sentissem nenhum medo e se esquecessem de tudo. Cortavam-lhes as têmporas e ali colocavam uma mistura de pólvora e cocaína, e então botavam eles na primeira linha de fogo, sobretudo os menores.

Pausa.

HOMEM: Continue.

INTÉRPRETE: Entravam em qualquer lugar que lhes ordenassem e disparavam em todo mundo que aparecesse na frente, e cortavam as mãos dos que ficavam vivos, especialmente as dos soldados, para que eles tivessem medo deles. De alguns soldados inclusive arrancavam os olhos e o coração, os cozinhavam e em seguida os comiam. Estupravam todas as mulheres que queriam e as levavam com eles. De uma mulher que estava grávida, só para saber se carregava um menino ou uma menina, abriram o ventre, tiraram o bebê e depois o comeram.

Pausa.

HOMEM: Tudo isso seu filho lhe contou?

INTÉRPRETE: Tudo isso ele foi me contando durante esses anos. Até sei que tipo de armas usavam. A HGM é uma metralhadora pesada que se dispara sobre um jipe. O rifle G3 era usado pelos franco-atiradores. Quase todos tinham um rifle Kalashnikov AK-47. E, no bolso, uma pistola Beretta como a sua.

HOMEM: Como sabe a marca da minha pistola?

INTÉRPRETE: Meu filho me disse que você tinha uma Beretta com certeza. [*pausa*] Não tem uma Beretta?

HOMEM: É uma Beretta, e só tem uma bala no interior.

INTÉRPRETE: Só uma.

HOMEM: Sim.

INTÉRPRETE: Isso meu filho não podia saber.

Pausa.

HOMEM: A pistola eu comprei faz tempo. Aprendi a atirar num armazém de um atacadista de Monróvia.[18] Treinava pontaria atirando em tabletes de caldo Maggi. O armazém era cheio de armas e de tabletes de caldo Maggi.

INTÉRPRETE: Nunca atirou em ninguém?

HOMEM: Só atirei umas duas vezes para o alto para assustar alguém. [*pausa*] A única vez em que estive a ponto de matar um homem foi em Paris, há muitos anos. Estava saindo de um bar, tarde da noite, um pouco bêbado, e dois argelinos tentaram me assaltar. Pude afugentar um deles, mas o outro sacou uma navalha, e, não sei como, tomei-lhe a navalha e, então, ele me disse que eu não era homem o bastante para usá-la. Agarrei ele pelo pescoço e, quando estava a ponto de lhe cravar a navalha no coração, gritou: "Rápido, patrão!" Soltei ele em seguida e joguei a navalha no Sena.

INTÉRPRETE: Não estava com a pistola?

HOMEM: A pistola eu comprei aqui, depois.

Pausa.

INTÉRPRETE: Não deveria contar a ninguém que só tem uma bala na pistola.

HOMEM: Seu filho me conhecia antes?

INTÉRPRETE: Antes?

HOMEM: Se tinha me visto em outro lugar além daquele bar.

INTÉRPRETE: Se o conhecia não me disse nada. Teria que perguntar-lhe você mesmo.

HOMEM: Agora não tenho tempo. Tenho que me arrumar para sair e preparar as malas para amanhã.

INTÉRPRETE: Tem muitas malas?

HOMEM: Algumas.

INTÉRPRETE: E para onde viaja?

HOMEM: Para a Cidade do Cabo.

INTÉRPRETE: Vive na Cidade do Cabo?

HOMEM: Sim.

INTÉRPRETE: Eu vivo num povoado perto de Bondo,[19] lá tenho uma pequena plantação de mandioca e café.

HOMEM: Sim, já tinha me dito antes.

INTÉRPRETE: Não, não disse.

HOMEM: Ah, não?

INTÉRPRETE: Só lhe disse que trabalhava no campo, no Norte, com meu filho.

HOMEM: Achei que você tivesse me dito.

Pausa.

INTÉRPRETE: Está doente de quê?

HOMEM: Como?

INTÉRPRETE: Está doente de quê?

HOMEM: De muitas coisas. Mas sobretudo do coração e do fígado.

INTÉRPRETE: E sempre viaja sozinho?

HOMEM: Sim.

INTÉRPRETE: Deve ser muito cansativo viajar sozinho carregado com várias malas. Precisaria de alguém que lhe economizasse o trabalho mais pesado. Meu filho poderia se encarregar de tudo.

HOMEM: Propõe que trabalhe para mim como carregador?

INTÉRPRETE: Poderia também cuidar de suas coisas. Cada vez que chegasse num hotel, ele poderia organizar tudo, ter suas coisas sempre prontas e cuidar para que não se perdesse nada.

HOMEM: Isso estaria mais próximo de um camareiro.

INTÉRPRETE: Camareiro?

HOMEM: Alguém que cuida dos objetos pessoais de outra pessoa.

INTÉRPRETE: Com certeza faria esse trabalho muito bem para você. Teria todo o interesse. Eu asseguro.

HOMEM: Como pode estar tão seguro?

INTÉRPRETE: Conheço muito bem meu filho. Teria muito cuidado com todas as suas coisas. Além disso, ele é muito organizado e muito limpo. Nesse ponto, não teria nunca de lhe chamar a atenção. Teria suas coisas sempre prontas.

HOMEM: Os ingleses dizem que ninguém é um herói para seu camareiro.

Pausa.

INTÉRPRETE: Não entendo.

HOMEM: Se seu filho se torna meu camareiro, arrisco perder todo o respeito que agora sente por mim.

INTÉRPRETE: Com isso não tem que se preocupar. E se fizer algo que não deve, castigue-o. Não tenha consideração com ele.

HOMEM: Quer que eu o castigue?

INTÉRPRETE: Não deixe que ele se acostume a fazer as coisas pela metade, nem que se torne malandro. Mantenha-o sempre ocupado, e se ele não entender algo, explique outra vez. Mas isso será no princípio. No princípio, deverá ter um pouco mais de paciência com ele, até que se acostume com o trabalho. Primeiro dê a ele tarefas mais fáceis, e quando as fizer bem, deixe que se ocupe de coisas mais delicadas, daquelas que necessitam de mais atenção e experiência. Se for insolente, seja severo com ele, e se alguma vez quebrar ou estragar algo, então bata nele se for necessário. É assim que tenho lhe ensinado todos esses anos.

HOMEM: Pode ser que ele não queira trabalhar para mim nessas condições.

INTÉRPRETE: Meu filho fará o que eu mandar. E, além disso, está querendo trabalhar para você. É o que mais deseja no mundo.

Pausa.

HOMEM: E quando não estiver viajando, que faço com ele?

INTÉRPRETE: Leve-o para a Cidade do Cabo. Poderia vigiar sua casa e continuar cuidando de suas coisas.

HOMEM: Já tenho um vigilante e um criado.

INTÉRPRETE: Na Cidade do Cabo?

HOMEM: Sim.

INTÉRPRETE: Mora em sua casa?

HOMEM: Não. Mora fora.

INTÉRPRETE: Meu filho poderia fazer todo o trabalho, além de morar com você. Assim, sempre o teria por perto quando precisasse.

HOMEM: Estou acostumado a morar sozinho.

INTÉRPRETE: Meu filho não o incomodaria de jeito nenhum. Estaria a seu serviço só quando precisasse.

Pausa.

HOMEM: E quanto acha que deveria lhe pagar por estar a todo momento a meu serviço?

INTÉRPRETE: O que você achar mais justo.

HOMEM: Mais justo?

INTÉRPRETE: Estabeleça uma quantidade, ainda que seja pequena, e, se ele fizer bem o trabalho, você poderá ir aumentando gradualmente; desse modo, ele se dará conta de que está fazendo bem as coisas e de que você está contente. Mas não o faça como se estivesse dando a ele uma gorjeta qualquer. Tem que sentir que você valoriza o trabalho dele.

Pausa.

HOMEM: Tem que saber que de vez em quando bebo, que de vez em quando me embriago, e então não sou muito razoável com ninguém.

INTÉRPRETE: Isso meu filho já sabe.

HOMEM: Sabe? Claro, me seguiu a semana toda.

INTÉRPRETE: Ele procuraria fazer com que sempre chegasse pontualmente às suas reuniões.

HOMEM: E como faria isso? Como conseguiria fazer com que eu chegasse sempre pontualmente às minhas reuniões?

INTÉRPRETE: Olharia a hora em seu relógio e lhe avisaria a tempo. Ele não bebe e, desde que deixou a guerrilha, tampouco usa drogas. E as mulheres não lhe interessam. Nesse ponto não tem que se preocupar.

HOMEM: Não se interessa pelas mulheres?

INTÉRPRETE: A mim pelo menos nunca fala disso.

HOMEM: Eu também não falava de mulheres com meu pai, mas isso não significava que não me interessassem.

INTÉRPRETE: Meu filho e eu não temos segredos um para o outro. Ele sabe tudo o que eu penso e sinto e eu sei tudo o que ele sente e pensa.

HOMEM: Então, mais do que pai e filho, vocês são companheiros.

INTÉRPRETE: Companheiros?

HOMEM: Companheiros, amigos.

INTÉRPRETE: Um pai e um filho também têm que ser amigos. Você não era amigo de seu pai?

HOMEM: Meu pai e eu nunca chegamos a nos entender.

INTÉRPRETE: Esta semana tive inveja de você.

HOMEM: De mim?

INTÉRPRETE: Por causa do interesse de meu filho por você. Nunca tinha se interessado tanto por ninguém.

Pausa longa.

HOMEM: Esta manhã, ao sair do hotel, tinha um garoto bem alto na porta. Me lembrei de repente. Talvez fosse seu filho.

INTÉRPRETE: Esta manhã meu filho ficou comigo porque eu não estava bem.

HOMEM: O que lhe aconteceu?

INTÉRPRETE: Tive náuseas.

HOMEM: Às vezes acontece comigo também.

INTÉRPRETE: Também tem náuseas?

HOMEM: A comida daqui me embrulha o estômago, especialmente de noite.

INTÉRPRETE: Qualquer coisa que como me faz vomitar.

HOMEM: O pior de todos é o *chikwange*,[20] e olhe que gosto muito e vou a bons restaurantes.

INTÉRPRETE: Meu filho me viu tão mal que queria que fôssemos esta manhã mesmo para o povoado, mas eu lhe disse que se tivesse que morrer, este era um lugar tão bom quanto qualquer outro.

HOMEM: Kinshasa, durante a época das chuvas, é o lugar mais horrível do mundo. Se não voltasse amanhã, teria ido hoje mesmo para Brazzaville.

INTÉRPRETE: No meio da manhã me senti melhor, e fomos a um salão. Meu filho queria que lhe cortassem o cabelo como o seu, mas não ficou igual, e ele discutiu com o cabeleireiro. Quase saíram na mão.

HOMEM: Não entendo por que tem tantos salões em Kinshasa.

INTÉRPRETE: Quando não me faltava o braço, eu mesmo cortava o cabelo de meu filho.

HOMEM: Francamente, acho que seu filho deveria ficar com você e ir embora mais tarde. Falo sério.

INTÉRPRETE: Não. Tem que ir agora. Aqui não há nenhum futuro. É um país de ladrões, e os de fora são piores, além de ladrões são assassinos. Quando jovem, eu mesmo tive que fugir para o Norte por culpa dos *affreux*.[21] Se fosse jovem, agora iria muito mais longe.

HOMEM: Na África do Sul ainda vivem alguns *affreux*.

INTÉRPRETE: Ainda estão vivos?

HOMEM: Quase todos os mercenários vivem tempo suficiente para escrever suas memórias.

INTÉRPRETE: Com certeza têm guarda-costas.

HOMEM: Os *affreux*?

INTÉRPRETE: Todas as pessoas importantes têm guarda-costas.

HOMEM: Os *affreux* não são muito importantes e eu francamente tampouco. Não estranharia que um dia desses minha empresa me demitisse.

INTÉRPRETE: Por quê?

HOMEM: Não lhes parece bom que seus empregados bebam, briguem nos hotéis e, além disso, se dediquem a outro tipo de negócio.

INTÉRPRETE: Podia ir para outra empresa.

HOMEM: Já trabalhei em algumas. Sou bom no meu trabalho, muito bom, e todo mundo sabe. Além disso, é a única coisa que eu sei fazer bem e de que eu ainda gosto. Todo mundo com quem eu faço negócios acaba comendo na minha mão. Naquele bar, todos aqueles homens comeram na minha mão. Você e seu filho puderam ver...

INTÉRPRETE: Sim, vimos.

HOMEM: Quanto mais tarde chego a uma reunião de negócios, mais todo mundo me odeia, e fica muito mais difícil que comam na minha mão, mas no final o fazem, comem tudo o que lhes ofereço e o que quero. Ontem, por exemplo, tinha quase tudo perdido, tinha bebido além da conta e me deixei encurralar de mau jeito; então, prontamente, decido ir ao banheiro, lavo o rosto, olho no espelho e me digo "se não sair dessa, terminou tudo, e fico para sempre na Cidade do Cabo". Tranquilamente tiro o pente, me penteio, saio do banheiro e volto para junto daquele cara... para a mesa daquele cara, e, de repente, tudo começou a mudar, pode se dizer que comi ele vivo, afinal, teve que sair com o rabo entre as pernas. Seu filho já deve ter lhe contado.

INTÉRPRETE: Sim, já me contou.

HOMEM: Contou esta manhã?

INTÉRPRETE: Ontem de noite.

HOMEM: O que ele lhe contou?

INTÉRPRETE: Como esse homem no final saiu cabisbaixo e quase com lágrimas nos olhos.

HOMEM: Sério que ele viu?

INTÉRPRETE: Sim, viu tudo.

HOMEM: Seu filho aparentemente é um bom observador. É muito importante ser um bom observador para fazer negócios, até mais do que saber falar bem.

Pausa.

INTÉRPRETE: Então levará meu filho com você amanhã?

HOMEM: Agora é muito precipitado. Talvez da próxima vez que voltar.

INTÉRPRETE: Antes disse que não era certo que voltasse.

HOMEM: Sempre digo o mesmo e sempre volto. O que acontece é que não posso permanecer no mesmo lugar por muito tempo. Depois de uns dias, quando saio para a rua, sinto que me afogo. Em qualquer rua de qualquer lugar. [*pausa*] Sempre me pareceu que me faltava algo, algo insignificante, mas que com o tempo tinha se tornado importante. Às vezes, penso se não estarei ficando completamente louco. Em Paris eu estava, disso estou certo. Vim para cá fugindo daquela loucura, buscando outra vez minha alma, por assim dizer. Mas não voltei a encontrá-la em lugar nenhum. Inclusive pode ser que agora esteja mais louco do que antes.

INTÉRPRETE: Não me parece que esteja louco. Mais me parece que tem medo, que está assustado.

HOMEM: Assustado com o quê?

INTÉRPRETE: Com sua saúde.

HOMEM: Já me acostumei. Faz tempo que convivo com tudo isso.

INTÉRPRETE: Mas fica cada vez mais difícil. Para mim também é cada dia mais difícil me levantar.

HOMEM: E agora vai me dizer que somos irmãos na doença, ou algo parecido, para que leve seu filho comigo.

INTÉRPRETE: Você e eu já não podemos mais ser irmãos. Talvez, se tivesse aceitado meu filho como seu, teria sido possível, mas agora não mais.

HOMEM: Pelo menos entendeu afinal que não posso levá-lo comigo.

INTÉRPRETE: Sim, entendi que não o levará como seu filho.

HOMEM: E também não posso lhe dar nenhum emprego porque nem eu tenho assegurado agora mesmo o meu. Isso você também entende?

Pausa longa. A Intérprete se levanta.

INTÉRPRETE: Espero não lhe ter feito perder muito tempo, e que possa chegar pontualmente à sua reunião.

HOMEM: Quer que eu chame um táxi?

INTÉRPRETE: Não precisa.

HOMEM: Vai chover.

INTÉRPRETE: Não tenho medo da chuva.

Pausa.

HOMEM: Vai voltar amanhã para o seu povoado?

INTÉRPRETE: Sim.

HOMEM: Com seu filho?

INTÉRPRETE: Sim, iremos os dois.

HOMEM: Não falarão com outro homem de negócios?

INTÉRPRETE: Talvez.

HOMEM: Posso lhe dar um conselho.

INTÉRPRETE: Qual?

HOMEM: Peça dinheiro por ele desde o princípio.

INTÉRPRETE: Por meu filho?

HOMEM: Esses homens desconfiarão de qualquer trato que não inclua desde o princípio um preço. Saiba que, se você não lhes pedir dinheiro, eles o farão. E, finalmente, se alguém levar seu filho, e se tiver pago, cuidará melhor dele.

Pausa.

INTÉRPRETE: Quanto de dinheiro acha que deveria pedir?

HOMEM: Quanto mais pedir, melhor.

INTÉRPRETE: E pagarão?

HOMEM: Se alguém quiser de verdade seu filho, pagará.

INTÉRPRETE: Você pagaria por ele?

HOMEM: Eu não conto, estou doente. Mas conheço gente que o faria sim.

INTÉRPRETE: E me apresentaria a eles?

HOMEM: Se quiser, sim.[*pausa. A Intérprete dá uns passos para ir embora*] Tem dinheiro para voltar para o seu povoado?

INTÉRPRETE: Sim.

HOMEM: Se não tiver o bastante, posso lhe dar.

INTÉRPRETE: Não. Obrigado.

Pausa.

HOMEM: Poderia dizer a seu filho que não me encontrou, que eu já tinha saído do hotel.

INTÉRPRETE: Por quê?

HOMEM: Não sei.

INTÉRPRETE: Nunca menti para ele nem ele para mim. É incapaz de contar uma mentira a alguém. Se estivesse do seu lado, lhe diria a verdade sempre.

HOMEM: E, a essa altura, para que eu ia querer do meu lado alguém que me dissesse a verdade sempre? E para que me contem mentiras, os médicos já me bastam.

Pausa.

INTÉRPRETE: E o que fará quando não puder viajar mais?

HOMEM: Ficarei na Cidade do Cabo, em um escritório da empresa. Não sei onde li que a única coisa que nos salva, os homens de negócios, é a eficiência.

INTÉRPRETE: A eficiência?

HOMEM: A eficiência em ganhar dinheiro, naturalmente. Aqui ainda se pode ganhar muito dinheiro durante muito tempo. Só poderia nos deter algum escrúpulo ou uma doença mortal, que, para efeitos práticos, vêm a ser o mesmo. Mas, atrás de nós, logo aparecerá alguém mais jovem, com mais energia e com muito mais vontade de ganhar dinheiro, e a única vantagem que temos, os mais velhos, é que nós conhecemos a nós mesmos um pouco melhor do que eles. E, se pensar bem, isso, no fim das contas, não é mais do que outra desvantagem, pois só pode trazer mais angústia e arrependimentos.

INTÉRPRETE: Se arrepende de algo?

HOMEM: Isso não se deveria perguntar a um homem doente. Você, mais do que ninguém, deveria saber.

INTÉRPRETE: Meu filho me perguntou hoje.

HOMEM: Perguntou-lhe se se arrependia de algo?

INTÉRPRETE: Me perguntou esta manhã.

HOMEM: E o que você lhe respondeu?

INTÉRPRETE: Que me arrependia de não ter ido para longe daqui quando era jovem, de não ter partido para qualquer lugar longe de tanta dor e tanta miséria. Isso foi o que disse a meu filho.

HOMEM: Parece que nós dois nos arrependemos, mas de coisas completamente distintas.

INTÉRPRETE: Se é para ser franco, para mim tanto faz do que se arrepende você ou qualquer um. Não tenho tempo nem forças para lamentar por mim nem por ninguém. A única coisa que eu quero é que meu filho vá embora daqui.

HOMEM: Mas agora está conversando com um homem de negócios, com um filho da puta de negócios branco, e tem que lhe oferecer algo que realmente lhe interesse, algo de que realmente precise.

INTÉRPRETE: Eu lhe ofereci meu filho.

HOMEM: Mas já viu que não basta.

INTÉRPRETE: Deveria bastar.

HOMEM: Tem razão, mas assim são as coisas.

Pausa longa.

INTÉRPRETE: Meu filho trabalhou como enfermeiro alguns meses no hospital da Cruz Vermelha onde cuidaram dele.

HOMEM: E daí...

INTÉRPRETE: Aprendeu a aplicar injeções, fazer curativos e a cuidar dos doentes.

HOMEM: E por que não ficou trabalhando no hospital?

INTÉRPRETE: Era um hospital de campanha, depois de alguns meses foi desarmado.

HOMEM: Ainda não estou tão doente para precisar de um enfermeiro particular.

INTÉRPRETE: Porém, mais pra frente, pode ser que precise.

HOMEM: Quando estiver tão mal que já não aguente, vou morrer num hospital.

INTÉRPRETE: Na Cidade do Cabo?

HOMEM: Sim, na Cidade do Cabo.

INTÉRPRETE: No hospital de Bondo me disseram que eu não precisava voltar porque já não podiam fazer nada por mim.

HOMEM: Eu lhes pago muito bem para que não me digam algo assim.

INTÉRPRETE: Quer dizer que paga para que mintam?

HOMEM: Mais ou menos.

INTÉRPRETE: Tem tanto medo de morrer?

HOMEM: Quando andava pela selva, estava certo de que nada aconteceria comigo, e que se acontecesse, não importava, porque eu não perceberia nada, morreria de repente por culpa de uma bala perdida ou, quando muito, me afogaria uma noite ao cair bêbado no rio Congo. Nem sequer considerava chegar até os 50. Em Paris, quando alguém lia minhas mãos, sempre me dizia que eu morreria jovem, e cheguei a acreditar mesmo nisso. Me enganaram do mesmo jeito que qualquer um desses vendedores ambulantes que estão por toda Kinshasa carregados de relógios falsos.

Pausa.

INTÉRPRETE: Meu filho poderia ajudá-lo a encarar a morte de frente.

HOMEM: Isso vai muito além das funções de um camareiro, de um enfermeiro particular, e até de um filho.

INTÉRPRETE: Ele, além de tudo, conhece todo tipo de droga que faria com que não sentisse nada.

HOMEM: Tiraria meu medo com drogas?

INTÉRPRETE: Meu filho viu muita gente morrer.

HOMEM: Refere-se às pessoas que ele matou?

INTÉRPRETE: Também ajudou companheiros feridos de morte a passar suas últimas horas.

HOMEM: Administrando-lhes drogas?

INTÉRPRETE: Às vezes, na selva, estavam rodeados de soldados por todos os lados e não tinham nenhum tipo de droga; então, os feridos, quando já não podiam suportar a dor ou temiam cair nas mãos dos soldados, pediam aos companheiros que os matassem. Eles o faziam com a Beretta. Um só tiro muito perto da cabeça para não desperdiçar munição.

HOMEM: Acha que não serei capaz de disparar eu mesmo minha Beretta?

INTÉRPRETE: Com uma bala só você não pode permitir que seu pulso trema.

HOMEM: Isso lhe disse seu filho?

Pausa.

INTÉRPRETE: Meu filho me contou que, às vezes, quando entravam num povoado, atiravam para o alto e, a depender de como colocavam as armas antes de atirar, sabiam com certeza se iriam ferir alguém ou não, que tem balas que, disparadas de uma determinada altura, sobem bem alto e não tocam ninguém; mas se atiram com a arma na altura dos joelhos é certo que não chegarão tão alto, e então matarão alguém.

Pausa.

HOMEM: Quando me deixaram sozinho na selva e pensava que não sairia vivo dali, de vez em quando aproximava o cano da pistola da minha boca, e quando estava a ponto de apertar o gatilho, sempre ouvia a mesma coisa: "Rápido, patrão!" Mas não era o garoto argelino que dizia, era a minha própria voz que eu ouvia.

Pausa longa.

INTÉRPRETE: Tenho que ir ou meu filho vai achar que aconteceu algo comigo.

HOMEM: Não vai levar o relógio?

INTÉRPRETE: Não me deixarão sair do hotel com este relógio; é muito bom. Vão achar que eu o roubei.

HOMEM: Pois que seu filho venha buscá-lo.

INTÉRPRETE: Disse a meu filho que só o chamaria se fosse para ir com você, que só então deveria subir.

HOMEM: Diga-lhe que suba de todo modo.

Pausa.

INTÉRPRETE: Quer ver meu filho?

HOMEM: Sim.

INTÉRPRETE: Por quê?

HOMEM: Quero que me diga ele mesmo que quer ir embora daqui e deixar você sozinho.

INTÉRPRETE: Quer levar meu filho?

HOMEM: Pode ser.

Pausa.

INTÉRPRETE: O que quer dizer pode ser?

HOMEM: É possível que lhe dê um trabalho.

INTÉRPRETE: Quer que trabalhe para você?

HOMEM: Sim.

INTÉRPRETE: Quer dizer que precisa de meu filho?

HOMEM: Sim.

Pausa.

INTÉRPRETE: Sim, o quê...

HOMEM: Sim, preciso. [*pausa longa*] Quer que ligue para a recepção para que lhe avisem?

INTÉRPRETE: A meu filho?

HOMEM: Está no saguão?

INTÉRPRETE: Não, não está no saguão.

HOMEM: Está na porta do hotel?

INTÉRPRETE: Não está na porta do hotel.

Pausa.

HOMEM: Não lhe espera lá fora?

INTÉRPRETE: Não.

HOMEM: Foi embora?

INTÉRPRETE: Não.

HOMEM: Onde está, então?

INTÉRPRETE: Em nenhum lugar. Meu filho morreu há 16 anos.

Pausa.

HOMEM: Seu filho está morto?

INTÉRPRETE: Morreu quando tinha 3 anos. [*pausa*] Não quer saber de que ele morreu?

HOMEM: Sim.

INTÉRPRETE: Naquele ano tive uma colheita ruim, ele pegou malária, e como não estava forte o bastante, não conseguiu sobreviver. [*pausa*] Se meu filho ainda estivesse vivo, teria vivido tudo o que lhe contei. Nem mesmo eu, seu pai, poderia livrá-lo de tudo o que o esperava. [*pausa*] Todos esses anos só eu e sua mãe sentimos a sua falta, e há quatro anos, só eu. Mas agora também sentirá a sua falta quando voltar à Cidade do Cabo.

HOMEM: Por isso veio me ver?

INTÉRPRETE: Queria que alguém além de mim sentisse falta de meu filho. E você sentirá a sua falta porque me disse que precisava dele.

HOMEM: Por isso veio a Kinshasa?

INTÉRPRETE: Eu vim para poder ouvir alguém dizer que precisava de meu filho e estar completamente seguro de que alguém além de mim sentiria a sua falta.

Pausa.

HOMEM: Então ninguém me seguiu esta semana.

INTÉRPRETE: Eu o segui, e o fiz tal como o teria feito meu filho, eu lhe asseguro, com o mesmo interesse e admiração que ele teria sentido por você, da mesma forma que esta manhã, no salão, também pedi que cortassem o meu cabelo como o seu, porque é o que meu filho teria feito.

HOMEM: Como é que não percebi que me seguia?

INTÉRPRETE: Kinshasa está cheia de gente aleijada por todos os lados. É normal que não tenha percebido. [*pausa longa*] Sabe? Meu filho se sentiria decepcionado com você.

HOMEM: Por ter me deixado enganar?

INTÉRPRETE: Por não ter me botado para fora de seu quarto ainda. Esta semana vi você se chatear por coisas muito menos importantes. Além de tudo, o fiz perder tempo, inclusive chegar tarde a uma reunião de negócios.

HOMEM: A verdade é que eu tinha pensado em lhe dar dois minutos antes de chamar a recepção e denunciar que alguém entrou no meu quarto, me apontou uma pistola e me roubou o relógio.

INTÉRPRETE: Nem sequer me botará para fora do seu quarto você mesmo? Ou você também tem medo de gente aleijada?

Pausa.

HOMEM: Se apresse, faltam menos de dois minutos.

INTÉRPRETE: Acha que pode esperar tanto tempo?

Pausa longa. O Homem tira o telefone do gancho, aproxima-o do ouvido e coloca-o de volta no gancho sem marcar nenhum número.

HOMEM: Quer uma bebida agora?

INTÉRPRETE: Não. Obrigada. [*pausa longa*] Me dá meu dinheiro?

HOMEM: Vai embora?

INTÉRPRETE: Sim.

O Homem dá algumas cédulas à Intérprete, que as guarda na bolsa.

HOMEM: Não vai contar?

INTÉRPRETE: Não precisa. Se faltar algo, lhe digo antes que vá embora.

HOMEM: Seria mais prático se o contasse agora.

INTÉRPRETE: Sim, mas eu não sou nada prática.

HOMEM: Posso convidá-la para jantar?

INTÉRPRETE: Já tenho outro compromisso.

HOMEM: Pra jantar?

INTÉRPRETE: Sim.

HOMEM: Aqui no hotel?

INTÉRPRETE: Sim, com outro homem de negócios.

HOMEM: Tenho que encontrar umas pessoas, mas depois poderíamos tomar algo, antes de jantar.

INTÉRPRETE: Sempre tomo sol antes de jantar.

HOMEM: Vai chover logo.

INTÉRPRETE: Mas depois o sol voltará a sair. O sol é a única coisa certa que há em Kinshasa.

HOMEM: Em Kasai[22] dizem que só quando chove você pode se mijar e ficar tranquilo. [a *Intérprete ri*] Não é nenhuma piada.

INTÉRPRETE: Sério?

Pausa. A Intérprete deixa de rir.

HOMEM: Suponho que esteja cansada de ser convidada por todo mundo para tomar uma bebida depois do trabalho.

INTÉRPRETE: Sabe a única coisa de que sinto falta de verdade? Do cinema, de ir a um cinema de verdade.

HOMEM: Quer que a convide ao cinema?

INTÉRPRETE: Não, não podemos ir.

HOMEM: Por quê?

INTÉRPRETE: Ouvi dizer que em todos os cinemas de Kinshasa tem goteiras.

HOMEM: Quem lhe disse isso?

INTÉRPRETE: Alguém... Não lembro quem.

HOMEM: Pena, não tenho outro dia para poder convidá-la.

INTÉRPRETE: Da próxima vez que vier.

HOMEM: Pode ser que aí já não se lembre de mim.

INTÉRPRETE: Se demorar muito, pode ser que não.

HOMEM: Tudo vai depender de para onde a minha empresa me enviará. Pelo menos espero que não me enviem para Ituri ou Kivu.[23]

INTÉRPRETE: Por que não? Se gosta de viajar.

HOMEM: Tem guerra lá.

INTÉRPRETE: Ainda?

HOMEM: Sim.

INTÉRPRETE: Não vá se tem guerra. Eu não iria.

HOMEM: A maioria das minas de coltan está lá.

Pausa.

INTÉRPRETE: Para que se usa o coltan?

HOMEM: Para muitas coisas.

INTÉRPRETE: Que coisas...

HOMEM: Para os telefones celulares, os videogames, a fibra óptica, os mísseis, as centrais atômicas, e até para fabricar os foguetes que viajam para o espaço. O Congo tem 80% das reservas mundiais de coltan, mas os maiores exportadores são Ruanda, Uganda e Burundi. Os aviões que voam para cá vêm carregados de armas e os que saem, de coltan, ouro e diamantes. [*pausa*] Você se lembrará disso?

INTÉRPRETE: Sim.

HOMEM: E do que falamos hoje aqui, vai se lembrar?

INTÉRPRETE: Se tivesse que me lembrar de tudo no fim ficaria louca. [*pausa*] Bom, que faça uma boa viagem amanhã.

HOMEM: Não vá ainda.

INTÉRPRETE: Por quê?...

HOMEM: Me deve um favor.

INTÉRPRETE: Que favor?

HOMEM: O cabelo...

INTÉRPRETE: Não está muito limpo.

HOMEM: Sim, já me disse isso antes.

Pausa. A Intérprete solta o cabelo.

INTÉRPRETE: Antes, tinha o cabelo muito mais comprido, até aqui... Mas cortei por causa do sol. [*pausa*] Eu lhe disse que uma vez trabalhei como atriz num filme? Mas quando fui ao cinema para assistir, não aparecia em nenhuma parte, eu não estava. Tinham cortado minha personagem. A verdade é que não me importei porque o filme era muito ruim. Nem sequer me lembro do título. [*pausa*] Também trabalhei como cantora, depois de ser atriz. Era cantora de uma orquestra que se chamava Paradise, disso, sim, me lembro. Nos apresentávamos em festas e em cruzeiros de luxo; foi assim que cheguei à África. [*pausa*] Não acredita em mim?

Pausa. A Intérprete se põe a cantar algumas estrofes de uma canção, depois fica calada. Escuridão.

FIM

Notas do tradutor

1. Kinshasa é a capital e a maior cidade da República Democrática do Congo, antigo Zaire.

2. Na recém-independente República Democrática do Congo, Catanga foi um território separatista proclamado Estado por um período em 11 de julho de 1960.

3. Brazzaville, ou Brazavile, é a capital e maior cidade da República do Congo (por vezes chamado Congo-Brazzaville, ou Congo-Brazavile, para distingui-lo da vizinha República Democrática do Congo).

4. Mobutu Sese Seko Nkuku Ngbendu wa Za Banga foi o presidente do Zaire (atual República Democrática do Congo) entre 1965 e 1997.

5. Marabu: *murābit*, em árabe, "aquele que é guarnecido". Originalmente, no norte da África, membro de uma comunidade religiosa muçulmana que vive em um *ribat* — monas-

tério fortificado — servindo religiosa e militarmente. Acredita-se que tem poderes mágicos.

6. Trocadilho em francês no original — Paris, a lixeira.

7. Em alemão: "Em tais noites todas as cidades são iguais." Verso de "De uma noite de tormenta", poema de *O livro de imagens*, de Rainer Maria Rilke.

8. Em francês: "Antes do primeiro roubo ou depois do último roubo?"

9. O vírus de Marburg, ou vírus de Marburgo (marv), é o agente causador da febre hemorrágica de Marburg, que teve epidemias conhecidas em 1967 (a primeira) e depois em 1975, 1980, 1987, 1998, 2004-05 (cujo epicentro foi Angola) e 2007-14 (cujo epicentro foi Uganda). Tanto a doença quanto o vírus estão relacionados com o ebola e têm origem na mesma área geográfica (Uganda e Quênia ocidental).

10. Watsa é o centro de uma área administrativa no distrito de Haut-Uele, na República Democrática do Congo. Durante a Segunda Guerra do Congo (1998-2003), em agosto de 1998, as tropas de Uganda ocuparam áreas de Haut-Uele, incluindo a cidade de Durba, região das minas de ouro Gorumbwa, Durba e Agbarabo. Quase uma tonelada de ouro foi extraída por quatro anos — durante o período de ocupação —, somando o valor de aproximadamente US$ 9 milhões.

11. Frase atribuída ao rei francês Luís XV.

12. Mineral composto por columbita e tantalite, de cor negra ou marrom muito escuro, utilizado em microeletrônica,

telecomunicações e na indústria aeroespacial. Para entender um pouco melhor os conflitos ligados a este mineral, conferir o artigo de Ramón Lobo para *El País*: http://www.xtec.cat/~cgarci38/ceta/sociedad/coltan.htm.

13. Luba-Catanga, também conhecida como luba-shaba e kiluba, é uma das duas principais línguas banto faladas na República Democrática do Congo, na região que antigamente era chamada Luba.

14. Bangala é o povo que vive na região central do rio Congo, na República Democrática do Congo e na República do Congo. Falam a língua lingala (da família banto), que é escrita no alfabeto latino. A maioria dos Bangala conserva suas religiões tradicionais locais; alguns são cristãos. Suas ocupações básicas são a pesca, a agricultura e a caça, com trabalhos sazonais nas cidades.

15. O *ocume, okume, okumé* ou *okumen* é a madeira da árvore tropical *Aucoumea klaineana*. A *Aucoumea klaineana* é uma espécie centro-africana encontrada principalmente na Guiné Equatorial e no Gabão. Alcança 30-40m de altura e tem um diâmetro de tronco entre 1 e 2,5m. A madeira tem densidade média (440kg/m^3), é branda, de textura lisa, bastante reta e com muito pouco nervo.

16. Malabo é a capital e a maior e mais antiga cidade da Guiné Equatorial.

17. Sobre o coltan, c.f. http://www.xtec.cat/~cgarci38/ceta/sociedad/coltan.htm.

18. Monróvia é a capital e a maior cidade da Libéria.

19. Bondo é um distrito (*wilaya*) relativamente novo, criado em 1998, que faz parte da província de Nyanza, no Quênia. Sua capital é a cidade de Bondo.

20. Pão de mandioca preparado em folhas de bananeira.

21. *Les affreux*, ou "os terríveis", eram mercenários, em sua maioria ex-combatentes. Ganharam notoriedade no conflito do Congo por suas práticas cruéis e desrespeito aos princípios elementares do direito internacional humanitário. Defendiam o poder branco e as causas neocolonialistas.

22. Kasai é uma província da República Democrática do Congo.

23. Ituri e Kivu são províncias da República Democrática do Congo marcadas por conflitos étnicos armados, que perduram até os dias atuais.

Por que publicar dramaturgia

Os textos de teatro são escritos de diversas maneiras: durante ensaios, como adaptações de romances, a partir de discussões com encenadores e artistas, solitariamente, vindos de ideias avulsas ou de enredos históricos, além de tantas outras maneiras existentes e por serem inventadas. Pensar o texto dramático como um modo de escrita para além do papel, que tem a vocação de ser dito e atuado, não elimina seu estágio primeiro de literatura. O desejo de pensar sobre as diferenças e confluências entre o texto dramático e o texto essencialmente literário nos levou a elaborar este projeto de publicações: a *Coleção Dramaturgia*. Queríamos propor a reflexão sobre o que faz um texto provocar o impulso da cena ou o que faz um texto prescindir de encenação. E mesmo pensar se essas questões são inerentes ao texto ou à leitura de encenadores e artistas.

O livro é também um modo de levar a peça a outros territórios, a lugares onde ela não foi encenada. Escolas, universidades, grupos de teatro, leitores distraídos, amantes do teatro. Com o livro nas mãos, outras encenações podem ser elaboradas e outros universos construídos. Os mesmos textos podem ser lidos de outros modos, em outros contextos, em silêncio ou em diálogo. São essas e tantas outras questões que nos instigam a ler os textos dramáticos e a circulá-los em livros.

Publicar a *Coleção Dramaturgia Espanhola*, que chega às prateleiras após o generoso convite de Márcia Dias à Editora Cobogó, e com o importantíssimo apoio da Acción Cultural Espanhola – AC/E, foi para nós uma oportunidade de discutir outras linguagens no teatro, outros modos de pensar a dramaturgia, outras vozes, e, ainda, expandir nosso diálogo e a construção de uma cultura de *ler teatro*. Ao ampliar nosso catálogo de textos dramáticos com as peças espanholas — ao final deste ano teremos trinta títulos de teatro publicados! —, potencializamos um rico intercâmbio cultural entre as dramaturgias brasileira e espanhola, trazendo aos leitores do Brasil uma visada nova e vibrante, produzida no teatro espanhol.

Isabel Diegues
Editora Cobogó

Dramaturgia espanhola no Brasil

Em 2013, em Madri, por intermédio de Elvira Marco, Elena Díaz e Jorge Sobredo, representantes da Acción Cultural Española – AC/E, conheci o Programa de Intercâmbio Cultural Brasil-Espanha. O principal objetivo do programa seria divulgar a dramaturgia contemporânea espanhola, incentivar a realização das montagens dessas obras por artistas brasileiros, estimular a troca de maneiras de fazer teatro em ambos os lados do Atlântico, promover a integração e fortalecer os laços de intercâmbio cultural entre Brasil e Espanha.

O programa havia, então, selecionado dez obras, através de um comitê de personalidades representativas das artes cênicas espanholas. A ideia inicial seria contratar uma universidade para a tradução dos textos, buscar uma editora brasileira que se interessasse em participar do projeto no formato e-book, programar entrevistas com os autores e promover a difusão dos textos através de leituras dramatizadas com diretores de grupos e companhias brasileiras.

Ao conhecer o programa, comecei a pensar sobre como despertar o interesse de uma editora e de artistas brasileiros para participar dele. O que seria atraente para uma editora, e consequentemente para o leitor, na tradução de um texto da atual dramaturgia espanhola? Como aproximar artistas brasileiros para a leitura de obras espanholas? Como verticalizar a experiência e fazer, de fato, um intercâmbio entre artistas brasileiros e espanhóis? Estimulada por essas e outras questões e percebendo o potencial de articulação, cruzamentos e promoção de encontros que um projeto como esse poderia proporcionar, encampei o programa expandindo suas possibilidades. A ideia, agora, seria aproximar artistas dos dois países em torno de um projeto artístico mais amplo potencializado pelo suporte de festivais internacionais realizados no Brasil que se alinhassem aos objetivos do TEMPO_FESTIVAL, dirigido por mim, Bia Junqueira e César Augusto, principalmente no que se refere ao incentivo à criação e suas diferentes formas de difusão e realização.

A partir de então, convidei quatro festivais integrantes do Núcleo dos Festivais Internacionais de Artes Cênicas do Brasil — Cena Contemporânea - Festival Internacional de Teatro de Brasília; Porto Alegre em Cena - Festival Internacional de Artes Cênicas; Festival Internacional de Artes Cênicas da Bahia - FIAC; e Janeiro de Grandes Espetáculos - Festival Internacional de Artes Cênicas de Pernambuco — para participar do projeto e, juntos, selecionarmos dez artistas de diferentes cidades do Brasil para a tradução e direção das leituras dramáticas dos textos.

Assim, para intensificar a participação e aprofundar o intercâmbio cultural, reafirmando uma das importantes funções dos festivais, decidimos que seriam feitas duas leituras dramáticas a cada festival, com diferentes grupos e companhias de teatro locais, em um formato de residência artística com duração aproximada de cinco dias. Com essa dinâmica, os encontros nos festivais entre o autor, o artista-tradutor e os artistas locais seriam adensados, potencializados. A proposta foi prontamente aceita pela AC/E, uma vez que atenderia amplamente aos objetivos do Programa de Intercâmbio Cultural Brasil-Espanha.

Desde então, venho trabalhando na coordenação do Projeto de Internacionalização da Dramaturgia Espanhola. A primeira etapa foi buscar uma editora brasileira que tivesse o perfil para publicar os livros. Não foi surpresa confirmar o interesse de Isabel Diegues, da Editora Cobogó, que, dentre sua linha de publicações, valoriza a dramaturgia através de livros de textos de teatro, com sua Coleção Dramaturgia.

A segunda etapa foi pensar as leituras das obras espanholas junto aos diretores dos festivais parceiros representados por Paula de Renor, Guilherme Reis, Felipe de Assis e Luciano Alabarse e definir os artistas que poderiam traduzir os textos. Com isso, convidamos Aderbal Freire-Filho, Beatriz Sayad, Cibele Forjaz, Fernando Yamamoto, Gilberto Gawronski, Hugo Rodas, Luís Artur Nunes, Marcio Meirelles, Pedro Brício e Roberto Alvim, que toparam a aventura!

Finalmente, partimos para a edição e produção dos livros e convidamos os grupos e companhias locais para a realização das residências artísticas e leituras dramáticas, que culminariam no lançamento das publicações em cada um dos festivais parceiros, cumprindo um calendário de julho de 2015 a janeiro de 2016.

Enquanto ainda finalizamos os últimos detalhes das publicações, compartilhando o entusiasmo de diretores, tradutores e tantos outros parceiros da empreitada, imagino quais desdobramentos serão possíveis a partir de janeiro de 2016, quando os livros já estiverem publicados e tivermos experimentado as leituras e conversas sobre dramaturgia. Quem sabe a AC/E não amplie o programa? Quem sabe não estaremos começando a produção de um desses espetáculos no Brasil? Quem sabe essa(s) obra(s) não circule(m) entre outros festivais internacionais do Brasil? Quem sabe não estaremos levando para a Espanha traduções de palavras e de cenas de alguns dos espetáculos, com direção e atuação de artistas brasileiros? Enfim, dos encontros, sem dúvida, muitas ideias irão brotar... Vou adorar dar continuidade ao(s) projeto(s). Fica aqui o registro!

Márcia Dias
Curadora e diretora do TEMPO_FESTIVAL

CIP-BRASIL. CATALOGAÇÃO-NA-FONTE
SINDICATO NACIONAL DOS EDITORES DE LIVROS, RJ

      Cunillé, Lluïsa
C98a   Après moi, le déluge (depois de mim, o dilúvio) / Lluïsa Cunillé ; tradução Marcio Meirelles. - 1. ed. - Rio de Janeiro : Cobogó, 2015.

          104 p. ; 19 cm. (Dramaturgia espanhola)

      Tradução de: Après moi, le déluge (después de mí, el diluvio)

      ISBN 978-85-60965-87-8

      1. Teatro espanhol (Literatura). I. Meirelles, Marcio. II. Título. III. Série.

15-25514   CDD: 862
                                                                            CDU: 821.134.2-2

Nesta edição, foi respeitado o Acordo Ortográfico da Língua Portuguesa de 1990, que entrou em vigor no Brasil em 2009.

Todos os direitos em língua portuguesa reservados à
Editora de Livros Cobogó Ltda.
Rua Jardim Botânico, 635/406

Rio de Janeiro — RJ — 22470-050
www.cobogo.com.br

© Editora de Livros Cobogó
© AC/E (Sociedad Estatal de Acción Cultural S.A.)

Texto
Lluïsa Cunillé

Tradução
Marcio Meirelles

Colaboração na tradução
Vinicius Bustani

Idealização do projeto
Acción Cultural Española — AC/E e TEMPO_FESTIVAL

Coordenação geral Brasil
Márcia Dias

Coordenação geral Espanha
Elena Díaz, Jorge Sobredo e Juan Lozano

Editores
Isabel Diegues
Julia Martins Barbosa

Coordenação de produção
Melina Bial

Revisão da tradução
João Sette Camara

Revisão
Eduardo Carneiro

Capa
Radiográfico

Projeto gráfico e diagramação
Mari Taboada

Outros títulos desta coleção:

A PAZ PERPÉTUA, de Juan Mayorga
Tradução Aderbal Freire-Filho

ATRA BÍLIS, de Laila Ripoll
Tradução Hugo Rodas

CACHORRO MORTO NA LAVANDERIA: OS FORTES, de Angélica Liddell
Tradução Beatriz Sayad

CLIFF (PRECIPÍCIO), de José Alberto Conejero
Tradução Fernando Yamamoto

DENTRO DA TERRA, de Paco Bezerra
Tradução Roberto Alvim

MÜNCHAUSEN, de Lucía Vilanova
Tradução Pedro Brício

NN12, de Gracia Morales
Tradução Gilberto Gawronski

O PRINCÍPIO DE ARQUIMEDES, de Josep Maria Miró i Coromina
Tradução Luís Artur Nunes

OS CORPOS PERDIDOS, de José Manuel Mora
Tradução Cibele Forjaz

2015

1ª impressão

Este livro foi composto em Univers.
Impresso pela gráfica Stamppa
sobre papel Pólen Bold 70g/m².